Zunächst gebe ich Ihnen eine kurze Übersicht, in welcher Reihenfolge eine Brosche hergestellt wird. In den folgenden Kapiteln wird dann jeder Arbeitsschritt eingehend beschrieben.

1. Einarbeiten der Knetmasse in die Broschenwanne .... S. 4
2. Plazieren der großen Schmucksteine und deren Befestigung .... S. 5
3. Anbringen der Ketten um die großen Steine und am unteren Broschenrand .... S. 6/8
4. Strukturierung der Oberfläche .... S. 10
5. Modellieren der verschiedenen Verzierungen und Blätter .... S. 11
6. Ausgestaltung der Oberfläche und Befestigung der Blätter .... S. 12
7. Einarbeiten der kleinen Straßsteine und der Perlen .... S. 6/7
8. Härten der Brosche .... S. 16
9. Bemalen der Brosche .... S. 16/24
10. Lackieren der Brosche .... S. 26

Hier sehen Sie eine Brosche im Stil der Broschen von S. 18. Man erkennt sehr genau, wie schön das Perlmutt in verschiedenen Farben schillert. Deshalb paßt es sich farblich fast jedem Hintergrund an und kann zu vielen Sachen getragen werden.

Die Brosche auf diesem Foto paßt sehr gut zum Stil des Spitzenkragens. Sie ist etwas verspielt modelliert und unterstreicht dadurch den nostalgischen Charakter der Kleidung.

FIMO ermöglicht es, dekorativen, anspruchsvollen Modeschmuck passend zur eigenen Garderobe selbst zu gestalten. Dieses Heft will Ihnen dazu Anregungen geben. Gleichzeitig soll es aber auch eine gute Anleitung zum erfolgreichen Arbeiten mit diesem Material bieten. Im Laufe der Zeit werden Sie sicher eigene Ideen entwickeln und Broschen zu Ihrem ganz persönlichen Kleidungsstil entwerfen.

Da aller Anfang schwer ist, werden auf den nächsten Seiten Broschen vorgestellt, die relativ einfach zu modellieren sind. Sie zeigen noch keine bzw. keine schwierigen Verzierungen. Hierbei sind aber schon einige Grundregeln zu beachten, die für die Herstellung aller Broschen gelten.

Die Modelliermasse ist vorher stets gut durchzukneten. Für silberne Broschen wird grau verwandt und für goldene, sowie für die Blätter wird schwarzes FIMO mit terracotta im Verhältnis 1:2 gemischt.

Die gut durchgeknetete Modelliermasse rollen Sie je nach Broschentiefe entsprechend dünn aus und drücken diese in die Broschenwanne. Die in die Broschenwanne eingelegte Masse streichen Sie mit beiden Daumen glatt und die über den Rand überstehende Masse entfernen Sie. Achten Sie darauf, daß die Knetmasse mit dem Broschenrand eine Ebene bildet, daß keine „Mulden" und keine „Hügel" entstehen. Heben Sie mit einer Sticknadel an einer Stelle des Randes die Knetmasse wieder etwas aus der Broschenwanne heraus, bestreichen sie dünn den freigelegten Broschenboden mit dem Aktivator und die Unterseite der Knetmasse ebenfalls dünn mit dem Binder des Klebstoffs. Dann drücken Sie die Modelliermasse wieder an und streichen sie glatt.

Nun wird der große Schmuckstein an die vorgesehene Stelle plaziert. Legen Sie ihn zuerst lose auf die Fläche und ritzen um ihn herum die Knetmasse mit einem Messer ein. Nehmen Sie dann den Stein beiseite und entfernen die darunterliegende Knetmasse. Danach können Sie den Schmuckstein in der Vertiefung festkleben.

Der Kleber erlaubt es, den Stein noch eine Weile so zurechtzurücken, daß er an gewünschter Stelle sitzt. Ein Korrigieren ist wichtig, wenn der Stein in der Mitte der Brosche angebracht werden soll. Bei seiner Plazierung in der Mitte hat sich bewährt, die Lage des Steines vorab auszumessen und die Brosche von allen Seiten zu betrachten.

Je nach Tiefe der Broschenwanne und Dicke des Schmucksteines ist es manchmal auch günstiger, den Stein einfach in die Knetmasse einzudrücken und festzukleben.

Nachdem der Stein befestigt ist, schiebt man mit dem Daumen die Modelliermasse eng an den Stein, so daß kein Zwischenraum mehr zwischen Stein und Knetmasse zu sehen ist. Verspiegelte Steine klebt man gar nicht fest, da sich die Verspiegelung durch den Kleber sehr leicht auflöst und dunkle Stellen im Stein hervorgerufen werden. Nicht geklebte Steine bekommen ihren Halt, indem die Modelliermasse leicht verstärkt an den Stein herangeschoben wird und als Einfassung wirkt. Ebenso kann man durchsichtige Steine einarbeiten. Die Knetmasse darf sich aber nicht unter den Stein schieben.

Zu festlichen Anlässen wirkt eine große Brosche mit mattglänzender Oberfläche, vielen glitzernden Straßsteinchen und herabhängenden Ketten besonders gut. Mit ihr wird der elegante Stil der Kleidung perfekt.

Im nächsten Arbeitsvorgang wird der Schmuckstein eingefaßt. Dies kann mit einer fadendünnen Rolle aus FIMO oder mit einer Kette geschehen. Auf den Fotos sehen Sie verschiedene Möglichkeiten der Einfassung. Man kann die Kette ein- oder mehrmals flach um den Stein legen und einfach andrücken. Sie braucht nicht geklebt zu werden. Achten Sie aber darauf, daß die Kette glatt liegt und daß keine höheren und tieferen Stellen oder Zwischenräume zwischen Kette und Stein entstehen.

Wie eine echte Schmuckeinfassung mit Perlrand sieht es aus, wenn die Kette hochkant um den Stein eingedrückt wird.

Soll eine FIMO-Rolle als Einfassung dienen, so ist wichtig, daß man sie sehr dünn und gleichmäßig ausrollt. Sie wird nur ganz leicht angedrückt, da sie sich sonst verformt. Die Herstellung einer solchen Einfassung verlangt schon etwas mehr Erfahrung und Geschicklichkeit. Aber nach einiger Zeit wird Ihnen auch dies gelingen.

Wenn man eine Brosche ohne herabhängende Ketten herstellen möchte, folgt nun das Einarbeiten der Straßsteine, Perlen oder anderer kleiner Steine. Wichtige Voraussetzung für diesen Arbeitsvorgang ist, daß die Oberfläche ganz glatt ist oder daß sie eine entsprechende Struktur, wie auf Seite 10/11 beschrieben, hat.

Überlegen Sie, an welche Stelle Sie die kleinen Steine oder Perlen anbringen und wie Sie sie anordnen wollen. Formen Sie Kügelchen aus FIMO, die etwa die gleiche Größe wie die Steinchen haben und legen Sie sie an die Stellen, die Sie dafür vorgesehen haben.

Nun nehmen Sie die stumpfe Seite eines Schaschlikstäbchens und drücken damit die Kügelchen an die Modelliermasse. Mit einer stumpfen Sticknadel Nr. 20 drücken Sie genau in der Mitte jedes Kügelchens ein Loch hinein, und zwar so tief, daß sich die Masse des Kügelchens mit der übrigen Knetmasse verbindet.

Danach befeuchten Sie etwas Ihren Zeigefinger und nehmen damit ein Straßsteinchen so auf, daß die glänzende Seite an der Fingerkuppe haftet. Auf diese Weise bringen Sie das Steinchen vorsichtig mit der spitzen Unterseite in ein Loch. Liegt es an richtiger Stelle, drückt man es mit der Rückseite des Holzstäbchens fest. Vorsicht ist bei runden und gewölbten Steinchen geboten. Man rutscht beim Andrükken leicht ab und kann dadurch die Oberfläche der Brosche beschädigen.

Bei den Steinchen, die eine flache Unterseite haben, muß man anders vorgehen. Man formt ein etwas größeres Kügelchen aus FIMO und drückt es mit dem Holzstäbchen flach an die Oberfläche der Brosche. Dann drückt man mit der Rückseite des Stäbchens eine Vertiefung in die runde Fläche, so daß ein kleiner gewölbter Rand entsteht. Nun kann man das Steinchen in der Vertiefung festkleben.

Eine Brosche erhält ein dekorativeres Aussehen, wenn sie mit herabhängenden **Ketten** verziert wird. Hierfür eignen sich am besten Ketten, die nicht zu dick sind z. B. Panzerketten, Flachpanzerketten, dünne Doppelankerketten oder Figaroketten. Sehr schön sind die s-förmigen Panzerketten. Sie passen gut zum nostalgischen Stil dieser Broschen.

Viele Bastelgeschäfte bieten seit einiger Zeit hübsche, preiswerte Ketten an. Auch in Kaufhäusern und Modeschmuckgeschäften sind recht preisgünstig die verschiedensten Ketten erhältlich. Sie müssen ja nicht echt sein!

Fragen Sie einmal in Ihrem Bekanntenkreis nach. Viele haben zu Hause beschädigte oder zerrissene Ketten in ihren Schmuckkästchen liegen, die nicht mehr getragen werden.

Die Fotos links zeigen, in welchen Arbeitsschritten die Ketten eingearbeitet werden. Zur Befestigung der Ketten bildet man im unteren Bereich der Brosche eine leichte Mulde in die man eine Kette nach der anderen hineindrückt und sie mit dem Seitenschneider abschneidet. Schneiden Sie die Ketten nicht zu kurz ab. Sie sollen möglichst eineinhalbmal so lang herabhängen, wie die Höhe der Brosche mißt. Beginnen Sie immer mit der mittleren Kette. Hängen Sie die Ketten ziemlich dicht nebeneinander. Große Zwischenräume wirken nicht gut.

Zur Abdeckung der Kettenansätze formen Sie aus FIMO ein ganz dünnes Plättchen in der Breite der nebeneinanderliegenden Ketten, drücken es auf die Ketten und verstreichen es mit beiden Daumen so lange, bis wieder eine glatte Fläche entstanden ist.

Natürlich gibt es noch viele Möglichkeiten, die Ketten in anderer Form an den Broschen anzubringen, die wir in diesem Heft nicht zeigen können. Die längs herabhängenden Ketten können z. B. alle auf gleiche Länge abgeschnitten werden.

Die Ketten können auch asymmetrisch an der linken oder rechten Seite von der Brosche herabhängen. Die in mehreren Bögen herabhängenden Ketten können noch weiter oben links und rechts am Broschenrand angebracht werden.

Sie müssen aber auch nicht am Broschenrand beginnen, sondern können schon die Innenfläche der Brosche mitausgestalten: z. B. legt man die Ketten mehrere Male um den großen Schmuckstein und läßt sie dann nach unten über den Broschenrand hinausragen und herabhängen.

Der Phantasie sind hier keine Grenzen gesetzt.

Wenn Sie für die Brosche keine glatte Oberfläche wünschen, können Sie mit verschiedenen gewirkten und gewebten Stoffen Strukturen eindrücken. Besonders gut für solche Abdrücke eignen sich feine Perlon- oder Nylongewebe (Abb. 2, 3, 4), Stoffe elastischer Badeanzüge, Tüll (Abb. 1), Lurexstoffe mit feiner und grober Struktur (Abb. 5, 6), aber auch Schleifpapier.

Aus einem gestreiften Muster können Sie ein kariertes machen, wenn Sie den Stoff zweimal nacheinander auf der Brosche abdrücken, und zwar einmal waagerecht und einmal senkrecht oder jeweils entgegengesetzt diagonal (Abb. 3, 4).

Jeder Stoff hat übrigens auf beiden Seiten unterschiedliche Strukturen (Abb. 6), was zu weiteren Variationen verhilft. Abb. 7 zeigt den Abdruck eines Schleifpapiers mit der Körnung 'mittel'. Die rechte Hälfte wurde mit einem Nagellack betupft, der feine Goldteilchen enthält. Dieses gibt der Oberfläche einen ganz besonderen Schimmer; die drei großen Broschen auf S. 18/19 sind teilweise mit einem solchen Lack betupft worden.

Das Muster (Abb. 8) ist mit dem Klingenrücken eines kleinen Messers modelliert worden (siehe auch Oberflächenstruktur bei den Broschen mit den kleinen Landschaften auf den Seiten 22/23.)

Das nebenstehende Foto zeigt, wie verschiedene Blattformen zur Verzierung der Brosche gestaltet werden. Die Blätter mit den Rillen entstehen durch das Abdrücken eines FIMO-Plättchens auf eine gerillte Muschel. Nicht jede Muschel eignet sich. Sie darf keine Querrillen sondern nur Längsrillen aufweisen.

Noch feinere Rillen haben die Blätter, die mit Hilfe des abgebildeten Ohranhängers geformt worden sind.

Sehr ausgeprägte Strukturen haben Abdrücke von Blättern aus der Natur. Besonders gut eignen sich z. B. die Blätter der Katzenminze oder die der Zitronenmelisse. Ähnliche Blätter findet man aber auch unter Wildkräutern, z. B. die der Taubnessel.

Das vierte Beispiel zeigt den Abdruck der Verzierung auf der Rückseite eines alten Bestecks. Suchen Sie einmal nach Gegenständen in Ihrem Haushalt. Sie finden sicher Dinge, die hübsche Abdrücke für die Verzierung Ihrer Broschen liefern. Abdrücke von Blättern aus der Natur kann man "konservieren", indem man einen Negativ- und einen Positivabdruck aus FIMO herstellt. Das ist wichtig für den Winter!

Das letzte Beispiel zeigt, wie ein Schnörkel oder eine Ranke geformt wird. Man rollt sie ganz locker mit den drei mittleren Fingern der Hand aus. So erreicht man, daß das Röllchen gleichmäßig wird. Die Fimomasse muß dafür vorher gut durchgeknetet worden sein.

Auf dem Bild rechts sehen Sie einige Broschen mit zart schimmernden **Mondsteinen.** Sie passen sich fast jedem Farbton der Kleidung an, besonders gut wirken sie auf Weiß, Schwarz oder auf Blau- und Lilatönen.

Besonders gut paßt zu Broschen mit Mondsteinen ein silberner Untergrund, aber auch mit goldfarbener Bronze bemalt wirken sie sehr edel.

Die Broschen auf den folgenden Seiten zeigen verschiedene Möglichkeiten der Anordnung der Blätter auf der Broschenoberfläche. Durch zunächst lockeres Auflegen der Blätter auf die Brosche können Sie selber solche oder andere Muster ausprobieren.

Wenn Sie sich für eine Form der Anordnung entschieden haben, werden die Blätter mit dem Stiel, der Spitze und einer Seite auf der Broschenoberfläche durch Andrücken befestigt.

Die Rillen in den Blättern werden noch schmaler, wenn Sie die Blätter langziehen. Ihre Spitzen kann man zu dünnen Rollen verlängern, die in Schnörkel verlegt werden, um die freien Flächen der Brosche auszugestalten.

Wenn Blätter und andere Verzierungen zu einem Teil über einen Schmuckstein ragen sollen, so ist es ratsam, sie dort anzukleben, da sie sonst später abbrechen können.

Sollten Sie einmal Schmucksteine gekauft haben, die kleine Fehler enthalten, so kann man diese recht gut mit einem Blättchen abdecken und damit den Fehler vertuschen.

Achten Sie darauf, daß Ihre Blätter nicht zu scharfe Kanten aufweisen, da die Bronze auf diesen Teilen auf Dauer einer größeren Abnutzung unterliegt.

Onyx und **Goldtopas** (hier natürlich Imitationen) sind Schmucksteine, die wie die Mondsteine zu vielen Farbtönen passen.

Legen Sie einmal auf schwarze, grüne, türkis- oder beigefarbene Garderobe Broschen mit diesen Steinen, so werden Sie von der Wirkung überrascht sein. Besonders Kleider in elegantem bis sportlichem Stil werden durch Broschen mit solchen Steinen aufgewertet. Die Oberflächengestaltung der Broschen sollte dem Stil der Kleidung entsprechend schlicht gehalten sein.

Zu der schwarzen Brosche oben links gehören die passenden Ohrklips. Sie stellen eine sehr schöne Ergänzung zur Brosche dar. Dennoch ist beim gleichzeitigen Tragen mehrerer selbstgestalteter Schmuckstücke Vorsicht geboten. Es kann leicht zu „dick aufgetragen" wirken.

In den einschlägigen Fachgeschäften gibt es ein großes Sortiment an Schmucksteinimitationen, von denen in diesem Heft nur wenige abgebildet sind, so gibt es u. a. noch Rubin, Achat, Lapislazuli, Bernstein, Jade, Amethyst und Aquamarin. Sie werden aus gefärbtem Glas, aus keramischer Masse oder aus Kunstharzen hergestellt. Steine aus Kunstharzen dürfen zum Teil nicht gebrannt werden, da sie die Hitze nicht unbeschadet überstehen. Solche Steine drückt man vor dem Brennen an der vorgesehenen Stelle in die Knetmasse ein, hebt sie vorsichtig mit einer Nadel wieder heraus und klebt sie erst nach dem Brennen in der Vertiefung fest. Statt kleiner Perlen in verschiedenen Farben lassen sich auch bunte Stecknadelköpfe, die nur wenig kosten, verwenden.
Probieren Sie aber bitte vorher aus, ob diese hitzebeständig sind.

Anstelle von kleinen Schmucksteinen können Sie auch kleine Muscheln einarbeiten, besonders hübsch wirken diese, wenn man sie nach dem Brennen mit einem perlmuttfarbenen Nagellack überzieht.

Seit einiger Zeit werden auch kleine Masken und andere Schmuckteile aus Metall angeboten, die sich sehr gut in die Broschen einarbeiten lassen. Blättchen aus Filigran kann man dann verwenden, wenn das Modellieren noch nicht so gut gelingt.

Ein **Türkis** paßt zu mehr Farbtönen, als man zunächst annehmen möchte. Farben wie Mint, verschiedene Blau- Grüntöne bis hin zu Petrol bilden einen geeigneten Ton-in-Ton-Hintergrund für diesen Schmuckstein. Der kleine Stein nimmt sozusagen den Farbton der großen Farbfläche des Kleides an. Aber auch auf Kontrastfarben wie Weiß, Schwarz, verschiedenen Braun- oder Goldtönen zeigt er seine Wirkung.

Haben Sie die Gestaltung Ihrer Brosche abgeschlossen, betrachten Sie sie noch einmal sehr genau und kritisch. Stellen Sie sich am besten mit der Brosche vor den Spiegel. Im Spiegelbild entdecken Sie plötzlich viel genauer, ob die Brosche harmonisch gestaltet ist, oder ob einige Verzierungen vielleicht unproportional oder ,,schief'' wirken. Solange die Brosche noch nicht gehärtet ist, können Sie noch Änderungen vornehmen.

Sollte Ihnen Ihr Werk gut gefallen, können Sie mit dem Bronzieren der Brosche beginnen. Mit einem Acryl-Pinsel tragen Sie vorsichtig das FIMO-Bronzepulver hauchdünn auf, das heißt, streichen Sie zuerst den mit Bronzepulver behafteten Pinsel gründlich an Zeitungspapier ab, bevor Sie das Pulver auf die Brosche geben.

Wenn Sie die Oberfläche der Brosche nicht ganz kräftig goldfarben haben möchten, lassen Sie die Ecken, die Rillen und Vertiefungen dunkel. Dies erzielen Sie, indem Sie den Pinsel beim Auftragen der Bronze ganz flach halten. Dadurch entstehen Effekte wie Licht und Schatten.

Ist die Brosche fertig bemalt, kann sie bei 130 Grad im Backofen in etwa 20 Minuten gehärtet werden. Überprüfen Sie vor dem Härten, ob in Ihrem Herd der Temperaturregler richtig funktioniert, z. B. mit einem Backofenthermometer, das es auch bei Eberhard Faber gibt, sonst könnten Ihre Broschen verbrennen.

Auf S. 24 wird noch eine andere Art der Bemalung vorgestellt. An dieser Stelle wird auch beschrieben, wie die Broschen lackiert werden.

Perlmutt-Steine in verschiedenen Farbschattierungen und in den unterschiedlichsten Formen sind für die selbstgestalteten Broschen etwas ganz Besonderes. Sie wirken durch ihre schillernden Farben für sich. Es ist darum wichtig, ihnen nicht durch zuviele Verzierungen etwas von ihrer Wirkung zu nehmen.

Die Gestaltung der Brosche muß aber auch auf die Form des Perlmutts abgestimmt sein. Einige Ohranhänger aus Perlmutt sind z. B. so in die Brosche eingearbeitet, daß sie wie große Blüten aussehen, was sich durch die Form dieser Anhänger schon aufdrängte.

Solche Ohranhänger oder Ohrklips aus Perlmutt sind nicht so billig wie die Glassteine. Man erhält sie in Modeschmuckgeschäften oder an Schmuckständen, die in Großstädten häufig auf der Straße und auf Märkten zu finden sind. Preiswerter dagegen sind Perlmutt-Knöpfe, die nicht ganz so farbenprächtig sind, aber gleichwohl einen wunderbar schillernden Glanz haben.

Das Perlmutt der großen Brosche oben rechts im Bild ist zum Teil mit einer weiteren Platte aus FIMO bedeckt. Sie wurde ganz dünn ausgerollt, halbiert, schräg nach oben und unten über das Perlmutt gelegt, leicht angedrückt und mit einem Abdruck aus einem feinen Nylongewebe versehen. Zuletzt wurden beide Teile an der schrägen Seite ungleichmäßig nach außen umgestülpt.

Für Broschen mit grünem Stein ist die Auswahl an farblich passender Kleidung nicht ganz so groß. Dennoch: Farben, wie Schwarz, Wollweiß, Beige, verschiedene Braun- und Grüntöne, sowie Gold bilden für sie einen idealen Hintergrund. Besonders gut sieht es aus, wenn der gleiche grüne Farbton des Steins sich in der Kleidung, z. B. im Rock, Kragen oder Gürtel wiederholt.

Die Brosche auf dem Foto oben rechts hat eine dreifache Einfassung erhalten, da der Stein für ihre Größe etwas zu klein wirkte. Um eine solche Einfassung ohne Unebenheiten zu modellieren, drückt man zuerst die Kette einige Millimeter vom Stein entfernt in die Modelliermasse. Danach legt man ein dünnes Fimoröllchen um den Stein herum und zuletzt ein zweites um die Kette und drückt beide leicht an.

Die glatten kleinen Blätter auf der Brosche unten rechts sind ohne einen Abdruck nur mit den Händen geformt, schuppenartig übereinandergelegt und dann auf die Broschenoberfläche gedrückt. Zuletzt wurde jedes Blatt mit dem Messer ein kurzes Stück eingeritzt.

Die beiden oberen Broschen mit dem schwarzen Stein links im Bild sind Variationen der Brosche von S. 14. Die untere Brosche mit dem geschliffenen schwarzen Stein gehört vom Stil her hingegen zu den klassischen Motiven auf S. 25. Sie ist sehr schlicht gehalten und paßt gut zu einem zeitlosen Kleidungsstil. Statt der FIMO-Kügelchen oben und unten, sowohl wie auf der rechten und linken Seite ließen sich auch sehr gut schwarze Stecknadelköpfe einarbeiten.

Die kleinere Brosche in der Mitte ist mit Blättern verziert, die aus dem Abdruck des alten Bestecks modelliert worden sind.

Vielleicht haben Sie auch Gegenstände, die sich für solche Abdrücke eignen, z. B. Bestecke, Schmuck, gerilltes Glas usw.

Die Blätter der Brosche auf der Rückseite dieses Büchleins haben z. B. den Abdruck eines etwas ungleichmäßig gerillten Glastellers; das untere Blatt ganz rechts zeigt den Abdruck der feinen Gravuren eines Ohranhängers.

Wenn man auf der Suche nach geeigneten Materialien für Strukturen und Abdrücke ist, findet man mit Sicherheit immer wieder etwas Neues. Man wird dadurch zu neuen Ideen angeregt, die die Gestaltung der Broschen unerwartet ändern können.

Motive aus der Natur oder **kleine Landschaften** auf Broschen zu gestalten, führt vom Thema her schon zu einem etwas anderen Stil.

Bäume, Gräser, Wellen usw. sollten als solche erkennbar sein. Ihre Form ist nicht so stark stilisiert, wie die Blätter und Ranken auf den anderen Broschen.

Die Zweige der Trauerweide auf der Brosche mit dem blau schimmernden Perlmutt sind aus kleinen FIMO-Röllchen geformt. Die Gräser und Bäume auf den Broschen in der Mitte und oben rechts sind, wie manche Blätter auf anderen Broschen, mit Hilfe der Muschel modelliert.

Aus Abdrücken von Blättern der Katzenminze, einer kleinen Gartenstaude, entstanden die Baumkronen der kleinen Brosche rechts unten im Bild.

Aneinandergelegte Rollen aus FIMO wurden auf der Brosche links daneben zu Wellen geschwungen. Die Struktur des Himmels entstand auf mehreren Broschen durch Einritzen mit dem Klingenrücken eines kleinen Messers.

Als untergehender Mond auf der Brosche in der Mitte ist ein weißer Perlmutt-Knopf verwendet worden. Je nachdem, wie das Licht auf die kleinen Straßsteine darüber fällt, funkeln diese wie kleine Sterne.

Ein zweites, aber aufwendigeres Verfahren ist, die Broschen nach dem Härten zu bemalen. Diese Bemalung ist teurer, aber auch sehr wirkungsvoll. Sie brauchen dazu die auf Seite 2 genannten Materialien. Setzen Sie sich an einen gut beleuchteten Platz. Am besten ist Tageslicht geeignet. Der Raum soll wegen der Dämpfe der Lösungsmittel gut durchlüftet sein. Stellen Sie die verschiedenen Farben auf eine Lage Zeitungspapier. Zuerst rühren Sie den schwarzen Lack gut durch. Dann nehmen Sie zur Herstellung eines dunklen Untergrundes auf der Broschenoberfläche mit einem Pinsel einige Male etwas von dem schwarzen Lack und streichen ihn auf das Zeitungspapier. Nun mischen Sie, wenn die Brosche eine silberne Oberfläche haben soll, ganz wenig Silberpaste, wenn sie goldfarben werden soll, wenig Goldpaste ein. Am besten eignet sich der Farbton Klassisch gold. Die Farbmischung soll noch ziemlich dunkel bleiben, also nur ganz wenig Silber- bzw. Goldbronze enthalten. Sie muß auf dem Zeitungspapier öfter mit etwas Terpentin (-Ersatz) flüssig gehalten werden. Bemalen Sie damit die Oberfläche der Brosche unter Aussparung der Steine und Blätter. Vorsicht ist bei manchen Perlen (Kunststoff) geboten. Sie können durch die Lösungsmittel in den Farben abstumpfen. Man schützt sie davor, indem man sie mit winzigen Kügelchen aus FIMO abdeckt.

Wenn die Oberfläche der Brosche getrocknet ist, nehmen Sie auf einen sauberen Pinsel ganz wenig trockene Silber- bzw. Goldpaste. Verreiben Sie zuerst etwas auf der Zeitung und bestreichen Sie dann mit dem flach gehaltenen Pinsel vorsichtig die Oberfläche der Brosche. Vertiefungen und Ecken bleiben dunkler. Die Flächen um die kleinen Straßsteine sollen hingegen einen Hauch von Gold erhalten. So entstehen Licht- und Schatteneffekte.

Im nächsten Arbeitsgang bemalen Sie mit der dunklen Goldungrundmischung die Blätter. Wenn dieser Untergrund trocken ist, geben Sie wieder hauchdünn Goldpaste auf Ihren Pinsel und verreiben diese mit flach gehaltenem Pinsel auf die Blätter (weiter S. 26).

Diese Broschen sind teils streng, teils verspielt gestaltet. Sie passen besonders gut zu einem nostalgischen Kleidungsstil, z. B. auf Rüschenblusen oder -kragen, wie das Foto auf Seite 4 zeigt. Aber auch auf klassischer zeitloser Kleidung wirken sie, wenn sie schlicht gearbeitet sind und nicht zu viele Schnörkel enthalten, wie z. B. die schmale Brosche unten rechts im Bild. Ihre Blätter weisen keine Abdrücke auf. Sie sind einfach mit den Fingern geformt und lang gezogen.

Beim Modellieren solcher Broschen muß man darauf achten, daß die Formen genau symmetrisch sind. Stimmen die Proportionen nicht, fällt das sofort ins Auge.

Die hinteren Vertiefungen und die Rillen sollen möglichst dunkel bleiben. Anschließend wird die trocken aufgetragene Goldbronze mit dem Pinsel gründlich verrieben, dabei müssen aber die Rillen und Vertiefungen weiterhin ausgespart bleiben.

Nun ist Ihre Brosche fast fertig. Sie muß nur noch versiegelt und gereinigt werden. Für die Versiegelung nehmen Sie ganz wenig Fimo-Lack auf einen sauberen Pinsel und tragen ihn hauchdünn auf die Brosche auf. Tupfen Sie mit dem Pinsel mehr als daß Sie streichen, damit Ihre Brosche nicht wie mit einer Speckschwarte behandelt glänzt. Der Lack trocknet ziemlich schnell. Nach einer viertel- bis halben Stunde muß die Brosche auf die gleiche Weise ein zweitesmal lackiert werden. Bitte beachten: Verwenden Sie keinen Matt- oder Seidenmattlack. Die Oberfläche der Brosche verliert dadurch ihren Glanz.

Als Letztes werden Farbreste der versehentlich überbemalten Stellen auf den kleinen und großen Schmucksteinen und dem Broschenrand entfernt. Nehmen Sie hierfür eine scharfe Schreibfeder oder einen Nagelreiniger. Damit kratzen Sie vorsichtig die Farbe und den Lack ab, die ungewollt auf die Steine und den Rand geraten sind.

Eine andere Möglichkeit ist, einen Zahnstocher in ein wenig Terpentinersatz zu tauchen und damit die kleinen Steinchen zu reinigen. Sie erhalten so wieder ihren ursprünglichen Glanz.

Auf dem rechten Bild sehen Sie noch andere Broschenformen, die Ihnen sicher auch gefallen werden. Sie ermöglichen noch eine andere Art der Aufteilung und Ausgestaltung der Oberflächen.

Diese Broschen sind, auch in den einschlägigen Fachgeschäften erhältlich. Zum Teil sind es Broschen, die für die Seidenmalerei gedacht sind. Eine Reihe von ihnen bestehen aus einem Gold- oder Silberrand, einer Broschenplatte mit Anstecknadel und einer gewölbten Platte. Letztere braucht man für die FIMO-Broschen nicht. Bei diesen Broschen ist der Broschenrand einfach umgedreht und von hinten an die Broschenplatte geklebt worden. Die Häkchen wurden mit dem Seitenschneider entfernt und die Schnittflächen mit einer Feile geglättet. Wem es gefällt, der kann den breiten Rand dieser Broschen auch vorne belassen, wie bei der achteckigen Brosche auf Seite 6.

Ich hoffe, Ihnen mit diesem Heft genügend Anregungen und auch eine ausreichend verständliche Anleitung zur Herstellung und Gestaltung von FIMO-Broschen gegeben zu haben. Für Ihre Arbeit mit diesem Material wünsche ich Ihnen viel Freude und guten Erfolg.

Ihre Marlis Meyer